百忍堂中有泰龢

백번 참으면 집안에 태평과 화목이 있도다

甲午 佳秋 清苑 孫順子

십년을 경영ᄒᆞ야 초려 삼간 지어ᄂᆡ니 나 ᄒᆞᆫ간

ᄃᆞᆯ ᄒᆞᆫ간에 청풍 ᄒᆞᆫ간 맛져두고 강산은 드릴듸

업스니 둘너 두고 보리라

청원 손순자 적다

梅一生寒不賣香
青原

春蘭如美人
青原

佳色
含霜
向日
青原

松枝月出
乙未
青原

못다 부른 노래

손순자 시조집

목언예원

못다 부른 노래

지은이 · 손순자
펴낸이 · 민병도
펴낸곳 · 목언예원

초판 인쇄 : 2015년 11월 15일
초판 발행 : 2015년 11월 20일

목언예원
출판등록 : 2003년 2월 28일 제8호
경북 청도군 금천면 선바위길 53 (신지2리 390-2)
전화 : 054-371-3544(팩스겸용)
E-mail : mbdo@daum.net

ISBN 978-89-94733-32-6 03810

가격 : 8,000원

못다 부른 노래여

손순자 시조집

목언예원

■ 시인의 말

밀양에서 자라고 청도로 시집을 왔습니다.
밀양을 떠났기에 시를 만난 것일까요
청도로 왔기에 시를 만난 것일까요.

어려운 살림살이에 팔남매를 낳고
하고 싶은 공부는 마음 한구석에 담고 살다가
청도 도서관에서 민병도 선생님을 만난 것이
첫 인연이었습니다.
내게는 너무나 멀기만 하던 시조의 세계에
이렇게나마 푹 빠질 수 있음에 늘 감사합니다.

아니 벌써! 하고 농담하던 사이에 육십이 지나고
어느새 칠순이 되었습니다.
이제 시집을 낸다는 것이 너무나 더디고 부끄럽습니다.
그러나 선생님이 끌어주시고 목우회 회원들이 밀어주었습니다.

저의 글이 늘 어설프고 부족했지만 마냥 즐겁고 행복합니다.
나이는 숫자에 불과하다는 말을 생각하며
나이를 거꾸로 세면서
남은 날들을 시조와 함께 하겠습니다.

2015년 10월
손 순 자

母性적 감성에서 오는 『못다 부른 노래』

민병도 (시인, 한국시조시인협회 이사장)

여기 올해로 칠순을 맞는 나이에도 불구하고 끊임없이 자기표현을 향한 지극한 노력을 계속하면서 행복지수를 드높여 온 서예가이자 시인의 길을 함께 걸어온 손순자 여사가 첫 시조집 『못다 부른 노래』를 묶었습니다. 외형적으로만 보면 문학과는 무관한 생활인의 길을 걸어왔음에도 세상에 대해 심미審美적으로 눈떠갈 무렵의 감성을 버리지 않고 모국어를 통해 표현해내려고 하는 그 자세만으로도 자신의 삶에 대한 정성이 비쳐지는 대목입니다. 게다가 먹을 갈고 붓을 잡은 서예로 길들여진 취향인지는 몰라도 형식이 까다롭고 고도의 절제미를 요구하는 시조를 쓴다는 것이 더욱 더 숙연하게 만듭니다.

무엇보다도 이처럼 자신의 삶에 내재된 존재의 의의와 가치를 극대화하기 위한 지극한 노력에 박수를 보내지 않을 수 없습니다. 대부분의 여성이 겪는 일이지만 젊은 시절에는 부모와 남편의 시봉과 자식들의 훈육에 전력을 다하고 겨우 자신을 돌아보았을 때는 이미 기력도 쇠약하고 정신도 흐려진 상태입니다. 굳이 힘겨운 정신노동에 뛰어들어 고통을 감내하고자 하는 용기를

갖기가 쉽지 않습니다. 이 대목에서 다시 자신의 삶이 지향할 분명한 좌표를 설정하고 자아실현에 나서는 일은 지당하면서도 결코 쉬운 일이 아닙니다.

사람이 한 평생을 행복하게 살아가기 위해서는 육체적인 삶과 정신적인 삶이 조화를 이루어야 합니다. 아무리 신체적으로 건강하다고 해도 정신적인 건강이 뒷받침이 되지 못하면 박수 받는 삶을 살기가 어렵습니다. 그렇다고 정신만 강조하고 육체의 도움을 외면하면 그 또한 균형적인 모습이라 할 수가 없습니다.

왜냐하면 동물인 육체는 살아있는 한 생명체가 본능적으로 지닌 욕구의 지배에서 벗어날 수가 없기 때문입니다. 그렇다고 생리적인 욕구를 이성이라는 정신적인 작용으로 능히 제압할 수 있는 것도 아닙니다. 다만 끊임없이 일어나는 욕구를 조절하는 힘이 필요한데 그것은 일정부분 정신의 영역에 속한다고 하겠습니다.

미국의 심리학자 매슬로우가 자신의 임상경험을 바탕으로 발표한 이론에 따르면 인간의 내면에 잠재하고 있는 욕구를 다섯 가지 단계로 나눌 수 있다고 밝힌 바 있습니다. 그 첫 번째 단계는 '생리적 욕구'이며 두 번째 단계는 '안전과 · 안정의 욕구', 그리고 세 번째 단계는 ' 조직, 즉 사회적 욕구'이며 네 번째 단계는 '존중, 혹은 존경의 욕구'이고 다섯 번째 단계는 '자아실현의 욕구'라는 것입니다.

사람도 동물적 생리현상으로부터 결코 자유로울 수가 없기 때문에 먹고 배설하는 욕구로부터 출발하지 않을 수 없고 생명을 안전하게 보호하고자하는 욕구를 실현하려는 노력 또한 게을리할 수가 없습니다. 그런 다음에는 조직구성원이 되거나 사회적 입지를 가지려하고 그런 연후엔 그 조직구성원들로부터 인정받고 존경받고 싶은 욕구와 맞닥뜨리게 됩니다. 더러 그런 욕구가 충족된 경우에 마지막으로 가져보는 욕구로 자기표현, 자기실현에 집중하게 된다는 것입니다. 한 사람의 삶이 이 다섯 단계 가운데 어느 지점에서 정지한 채 살았는가 하는 것이 그 사람의 가치지수라 해도 과언이 아닐 것입니다.

손순자 여사의 경우 결과의 승패와는 관계없이 가장 마지막 단계의 욕구인 자아실현의 영역에 접근한 셈입니다. 섣불리 자연 연령을 고려하여 포기하거나 의기소침해 하지 않는 이러한 선택 자체가 쉽게 흉내 낼 수 없는 축복이 아닐 수 없습니다.

이 번 시조집에 실린 몇 작품을 한번 읽어보겠습니다.

캄캄한 물 밑에서 오늘도 해를 건지나

물에서도 목이 마른 그대의 그리움은

오롯이 깊어진 향기로 아침 창을 흔든다

부르튼 얼굴 가득 찬 이슬 맞으면서

오로지 자식 위한 어미의 길 가는가

장대비 퍼붓는 날도 등불처럼 저를 밝혀
　–「연꽃」 전문

종교적인 색채가 묻어나는 연꽃 앞에서의 생각이 웅숭깊습니다. 흔히들 연꽃을 가리켜 '처염상정處染常淨'이라 하여 오염된 환경에서도 물들지 않고 항상 맑은 자신을 지켜나가는 정신의 상징으로 여겨왔습니다. 그것이 곧 어미의 마음이고 부처의 뜻이 아니겠습니까. 아마도 아침 창가로 날아온 연꽃 향기로 인해 연꽃을 바라보게 되고 그 연꽃의 성정을 따라가다 어머니의 모습을 발견한 것이 아닌가 여겨집니다. 예사로운 발상이 아닙니다.

둘째 수에서 보면 '부르튼 얼굴'로 '장대비 퍼붓는 날도 등불처럼 저를 밝혀' 노심초사하는 '오로지 자식 위한 어미의 길'을 발견하고 있습니다. 이미 희수의 나이임에도 연꽃에서 어머니의 거룩한 모성애를 찾아내는 생각의 깊이가 어쩌면 자신이 가다듬어 온 어머니로서의 자세와 맞닿아 더욱 강한 향기로 다가오는 작품입니다.

따가운 여름날에 백일을 기도하여

장맛비 그친 날 밤

몰래 밝힌 등이 곱다

숨겨온 그리움이면 저리 붉어 터지나

이 작품은 「백일홍」 전문입니다. 손 여사의 작품 소재 가운데에는 많은 부분을 꽃과 같은 자연물이 차지합니다. 자연의 물상은 우선 시각적으로 사람들의 감정을 자극하기 때문에 내면에 숨겨진 감성을 이끌어내기 좋은 소재가 될 수 있습니다. 그렇다고 꽃을 그렸다는 자체만으로 가산점이 부가되는 것은 아닙니다. 한 가지의 목적이면서도 각기 다른 모습으로 자기 존재의 위의를 나타낸 꽃을 통해서 견성見性을 위한 사전읽기와 같은 기능을 찾아내는 일이 중요한 덕목이라 하겠습니다.

한 여름날 100여일이 넘도록 붉게 피어있는 백일홍을 보면서 그냥 무심히 보아 넘기지 않고 꽃이 피기까지의 '백일을 기도' 한 연원을 생각하여 현재를 비추어 보는 일은 성찰에 가까운 모습입니다. 그럼에도 그것으로는 부족하여 '장맛비 그친 날 밤' 이 되어서야 '몰래 밝힌 등' 이 고운 것은 생각이 여간 깊지 않고서는 만날 수 없는 장면입니다. 하지만 그렇게 갖은 노력 끝에 핀 꽃이지만 그냥 '아름답다' 라는 감탄에만 머물지 않고 '숨겨온 그리움이면 저리 붉게 터지나' 라는 종장 표현에서처럼 꽃은 단순히 꽃이 아니라 사람의 감성과 일체화시켜 효과를 높여놓았습니다.

여기서 또 다른 한 흐름, 즉 여행과 현장답사에서 얻

어온 소재의 작품 한 편을 더 보겠습니다.

접동새 울던 자리 구절초 환히 피면
쌓다 만 돌탑 위에 돌 하나 더 얹고
행여나 꿈에서 뵐까 토막잠을 청하던 이

강물이 가로막은 북천은 아득하여
맨발로 달려가는 먼 하늘 한 귀퉁이
설움을 말씀히 닦고 낮날로 오시는 이

「단종 생각」이란 작품입니다. 잘 아시다시피 단종은 세종대왕의 손자로 어린 나이에 완좌에 올랐으나 숙부인 수양(세조)대군에게 왕좌를 빼앗기고 강원도 영월에 유배되었다가 사약을 받고 목숨마저도 빼앗긴 비운의 임금입니다. 이 작품은 그 단종의 유배지인 청령포에 가서 쓴 일종의 기행시입니다.

일반적으로 기행시는 현장이나 사건의 배경설명을 중심으로 서술하는 경향이 짙은데 비해 이 작품은 서정시에 가깝습니다. 시를 쓰게 한 동기나 배경은 단종의 슬픔이 스며있는 청령포이면서도 시적 표현 하나하나가 상당한 응집력을 갖추었으며 표현 감각 또한 돋보이는 작품입니다.

마치 '접동새 울던 자리 구절초 환히 피면/ 쌓다 만 돌탑 위에 돌 하나 더 얹'는 어린 단종의 모습을 직접 대하는 것 같은 분위기를 연출하고 있습니다. '행여 꿈에서 뵐까 토막잠을 청하던 이' 같은 종장은 절창입니다.

그런데 그 '토막잠' 속에서 '맨발로 달려가는 먼 하늘 한 귀퉁이/ 설움을 말끔히 닦고 낮달로 오시는 이'를 만난 손 여사의 상상력은 참신한 젊은이들의 그것과 흡사하게 닮아 있습니다.

이 정도의 수준이면 오랜 수련을 거친 기성 시인들과 비교해도 전혀 손색이 없을 것입니다. 그럼에도 등단이라는 절차를 생략하도록 권유한 것은 요식행위에 불과한 그 불필요한 제도적 관행에 길들여져 창작의 자세를 흩트리는 사례를 많이 보아온 까닭입니다. 우리나라에 등단제도를 전해준 일본에서는 이미 오래전부터 등단이라는 관문을 인정하지 않고 있습니다. 한편 한편의 작품 자체를 제대로 평가하지 못하고 작품 앞에 떡하니 버틴 무의미한 이력 같은 것은 이제 근대적 유산에 불과한 것이기 때문입니다.

물론 아직 그의 시조에는 감정의 기복이 심하여 감정이 분산되고 흩뜨려진 부분들이 없지 않습니다. 때로는 철자법이 무시되기도 하고 많은 시상을 한꺼번에 담느라 시어끼리 충돌하는 부분이 보이기도 하지만 그 의도만큼은 누구보다도 순수합니다.

무엇보다도 한 평생을 숨겨온 감성을 표현하기 위하여 노심초사하는 늦깎이 시인의 집중력을 높이 사지 않을 수 없습니다. 특별한 미사여구를 빌려오지 않았음에도 자연스럽게 스며드는 모성적 감성은 그의 심성에서 기인한 미덕입니다.

아무튼 이제 첫 시조집『못다 부른 노래』를 상재함으로서 그에게도 앞으로는 시인이라는 칭호가 붙게 될 것입니다. 참으로 오랜 시간 습작에 습작을 거듭해온 시간을 감안하면 때늦은 감이 없지 않습니다. 손순자 시인의 희수稀壽와 귀한 시조집 상재를 진심으로 축하합니다.

CONTENTS

못다 부른 노래

생강꽃 피는 날에

01

연꽃

캄캄한 물 밑에서 오늘도 해를 건지나
물에서도 목이 마른 그대의 그리움은
오롯이 깊어진 향기로 아침 창을 흔든다

부르튼 얼굴 가득 찬 이슬 맞으면서
오로지 자식 위한 어미의 길 가는가
장대비 퍼붓는 날도 등불처럼 저를 밝혀

냉이

때늦은 폭설에도 양지 바른 언덕을 골라
파랗게 꿈을 펼친 냉이를 캐다보면
지나간 아픈 날들의 기억마저 향기롭다

내게도 봄이 오면 온몸으로 안아주리라
칠십 년 지나간 삶도 개울물에 함께 씻어
구수한 된장을 풀면 마음마저 환하다

봄 산

생강꽃 피는 날에
누가 나를 불러내나
하늘은 연한 옥빛 저고리를 걸쳐 입고
귀 쫑긋 어린 다람쥐 봄바람을 듣는다

궁금한 계곡 물은
마음 향해 내려갔고
솔바람 향기를 따라 하염없이 걷다보면
흰 구름 손에 잡힐 듯 시나브로 스쳐간다

봄

아무 말이 없어도
마음 지레 들뜨는 봄

벚나무 가지마다
꽃비로 쏟아지고

아낙네
호미 잡은 손
해 지는 줄 모른다

그리운 성산포
–민병도 그림

저 멀리 산중턱에 흰 구름 지나가고

빠알간 지붕 너머 샛노란 유채물결,

우리 집 거실 벽에는 언제나 봄이 환하다

백일홍

따가운 여름날에 백일을 기도하여

장맛비 그친 날 밤
몰래 밝힌 등이 곱다

숨겨온 그리움이면 저리 붉어 터지나

밤길

어둡고 깊은 밤길 달빛에 걸어보면
착하게 잠든 나무 숨죽이며 기도하는데
나만이 못 벗고 있는 육도윤회 굴레의 길

민들레

민들레 꽃향기가
봄비에 스며들어

갈라진 돌 사이로
초록으로 손 흔들면

졸음의
시간 속으로
파고드는 그리움

벚꽃

진눈개비 치는 날도 어렵게 꽃피더니

오늘밤 비 내리니 속절없이 흩어지네

젖은 몸 홀로 말리며 향기만은 살아 남아

가을

풀벌레 밤새 울어
솔잎도 잠이 들고

익숙한 슬픔에도
가맣게 타버린 밤

누군가
함께 있어도
쓸쓸한
이 가을에

바람 부는 날

햇살을 등에 지고 공원길을 올라간다
나무는 붓을 잡고 추상화를 그려주고
들꽃은 춤을 추면서 꽃망울을 터뜨린다

능소화

두 손을 저었지만
꿈 하나 잡을 수 없고

몸보다 마음 먼저 몸살을 앓는 날은

허공에
마침표를 찍듯
놓쳐버린
설레임

구름

온종일 들판에서 자유시간 가진다
철없던 시집살이 나도 몰래 뿌린 한숨
빛바랜 옛 사진들을 띄워본다 강물에

나팔꽃

새벽에 나팔꽃이
달맞이 챙챙 감고

밥 달라 물 달라고
빵빵빵 나팔 분다

밤이면
사다리 타고
올라간다
달 따러

늦가을 잠자리

잠자리 한 마리가 풀잎에 매달렸다
하루가 멀다 하고 하늘을 높이 날더니
손으로 만져보아도 달아날 줄 모른다

찬바람 앞에서는 너도 한낱 단풍이구나
할 말은 내려놓고 조용히 몸을 낮춰
되돌아 올 수 없는 길 준비하는가 보다

뻐꾹새 목 쉰 울음

02

박물관

벽돌에 새긴 이름과 의좋은 형제 동상
이제는 울분도 삭아 새싹들의 가슴가슴
갇혔던 호국의 혼이 다시 살아 오른다

꽃이 피고 꽃이 지고 수많은 봄이 와도
가슴에 이는 바람 달래주지 못하고
쓰러진 꽃봉오리 앞에 옷깃을 여밀 그뿐

대동지에서

꽃무늬 외투를 걸친
산이 물에 안겨 있다
옷이 흠뻑 젖어도 하나도 젖지 않고
바람이 불어 올 때면 몸을 잠시 숨긴다

거꾸로 선 풀잎 앞에
햇살이 멈춰서면
혀 짧은 버들치들 깜짝 놀라 달아나고
뻐꾹새 목쉰 울음이 흰 구름을 떨군다

봄 산책

전망대 가는 길은 꽃들이 마중을 한다

부푼 가슴 안은 화장 짙은 제비꽃과

함부로 말할 수 없는 비밀 많은 진달래

계곡물은 소리 죽여 하늘을 끌어안고

늘어진 어사화 꺾어 머리에 꽂아 보면

마음은 다시 되돌아 나도 잠시 꽃이 된다

철쭉꽃

한 하늘 열다 말고 물에 잠긴 새벽인가
저려오는 손끝으로 햇살 가만 불러와서
가슴에 묻어두었던 아픈 사연 달랜다

생각의 마디마디 살얼음을 걷어내며
지우고 닦아내는 뉘우침의 또 한 고비
읽다 만 경전을 덮고 물소리를 듣는다

돌아온 석탑

박물관 앞뜰에 홀로 선 석탑 하나
나라 잃은 설움에 마소처럼 끌려가던
한 시대 아픈 역사를 온몸으로 보여준다

정녕 지키지 못할 극락정토 그 약속도
중생을 잃고 보면 크나큰 죄가 되어
깨지고 구멍 난 상처 다소곳이 안는다

지우개

얄팍한 계산들을 온몸으로 지우다보면
하나 둘 찢겨나간 살점들의 빈자리에
어느새 연필자국이
거묵거묵 앉았다

온갖 근심 다스리다 야윈 내 모습처럼
남의 허물 지우면서 저만은 지우지 못한
아픔이 새살로 돋아
붉게붉게 아린다

독도

무시로 달려드는 성난 파도 달래며
벼랑 끝에 불을 켠 해국은 뉘 넋인가
옷깃만 살짝 스쳐도 파르르 떨고 있다

그 오랜 비바람을 맨살로 막아내고
자라리 외로움을 뼈 속에 묻었는가
여객선 돌아간 쪽으로 가부좌를 고치는

단종 생각

접동새 울던 자리 구절초 환히 피면
쌓다 만 돌탑 위에 돌 하나 더 얹고
행여나 꿈에서 뵐까 토막잠을 청하던 이

강물이 가로막은 북천은 아득하여
맨발로 달려가는 먼 하늘 한 귀퉁이
설움을 말끔히 닦고 낮달로 오시는 이

때 아닌 눈

때 아닌 꽃 삼월에
흰 눈 펑펑 쏟아지면

하얀 뿔의 순록을 닮은
나무들의 묵언참선

슬픔도 남은 미련도
옷자락에 묻는다

꽃잎

비 오고 바람 불고 해 뜨고 달이 지고

개구리 우는 밤을 소리 없이 길을 나서

꽃잎은 누굴 만나러 배를 몰래 타는가

장사도 동백

진눈깨비 흩날리는 산 중턱 이른 봄날
이 세상 모든 죄업 죄다 벗고 가려는 듯
흥건히 피를 토해도 못다 부른 노래여

안중근

청산도 말 못하고
바위도 멍들었다

칼 가는 유가족들,
나라는 본체만체

불멸의
삼일절 노래
화살 되어 꽂힌다

손

신발도 오래 신으면 닳아서 버리는데

평생을 한결같이 주인을 섬겼으나

지문이 다 뭉개져도 하명만을 기다린다

박물관에서

유리 속 갇힌 채로 외로우면 달을 보고
내 마음 빈 뜨락에 살얼음 어는 날은
어둡고 차단된 땅에 화석으로 남았다

박물관 모진 아픔 하늘이 열어 주고
불타던 분노들을 참아온 그날들이
따갑게 뿌리 뽑힌 채 들풀처럼 살았다

하루살이

전봇대 움켜쥐고 비명을 질러봐도

허기진 시간들이 버짐처럼 번진 유년

새벽달 물려있는데 고향으로 길을 여네

소록도에서

소록도 파도 너머 어둠에 갇힌 채로

왜적들 발굽아래 시퍼렇게 짓밟혔다

한 조각 언덕 위에서 바윗돌로 굳었다

긴 세월 울음소리 뼈 속에 묻어놓고

나라 잃은 서러움에 통일의 그날까지

동백꽃 넋이 되어서 언덕 위에 피었다

옛 말이 딱 맞아

03

봄동

소슬바람 사이사이 봄동 씨를 뿌려둔다
듬뿍 거름 주어 비닐마저 씌워놓고도
천지가 꽁꽁 얼 때는 마음 놓지 못했다

우수 경칩 지나가고 잊었나 싶었더니
오늘 문득 아침 식탁에 파릇파릇 돋았구나
어쩌면 속앓이로 지샌 어머니의 사랑처럼

마늘

파릇파릇 마늘 순 보면
어머니 생각난다

두꺼운 얼음장 속
제 살 녹여 견뎌 온

맵고도
아픈 세월이
봄바람을 타이르는

우엉이 자라는 동안

폭포 밑 살구나무 이른 봄 발 시리다

그 사이 감자 심고 상추, 쑥갓 씨를 뿌려

우엉이 자라는 동안 늙어 가는 우리 사이

테니스장에서

강변 도로 테니스장
하얀 옷이 경쾌하다

통,통,통 노란 공이
선 밖으로 달아나면

따스한 웃음소리로
온 마당이 들썩인다

새우

청도 장날 좌판 위에 멸치와 같이 누워

내 삶은 바다로 가 헤엄치고 싶었지만

힘없는 노숙자 같이 신문 깔고 누웠다

딱배추

텃밭에 거름 주고
뿌리내린 땅심이여

하우스 비닐 씌우니
폭설에도 견뎌냈다

끈끈히
돋아난 새순
입 안 가득 즐겁다

적막

첫눈을 밟으면서 낙대폭포 올라간다

마음의 답답함과 고독을 등에 지고

잠자던 하얀 얼음꽃 손을 슬쩍 잡아준다

고향 강가

새벽잠 깨우면서 냇가로 나갔더니

미국엔 활동영화를 방에서도 본다면서

먼 친구 물살에 아롱거리네 여울 속에 걸렸네

옛말이 딱 맞아

여태 감기 한번 안 걸렸다고 자랑했더니
어느새 티가 생겨 목이 슬슬 부어오르네
나이는 항우장사도 안 된다는 옛말이 딱 맞아

계곡에서

보름달 끌어안고
하얗게 앉은 계곡
물과 물이 손을 잡고
흐린 것 정화시켜
제 몸을 버려가면서
속마음을 삭힌다

가을 얼음골에서

제 갈 길 옹기종기 색동처럼 뽐내면서

말없이 잎 떨구고 빗물에 썩어가고

가진 것 다 내주면서 남모르게 울고 있다

호박소에서

호박소 가는 길목
자그마한 암자 하나

딸 형제 다섯 명이
두 손 모아 기도하며

서로의 말 못 할 사연
계곡물에 씻는다

포도

개구리 알 매달리듯 다닥다닥 붙은 꿈

머리에 하늘 이고 땡볕을 견뎌냈다

우리들 새콤달콤한 한여름이 시원하다

주구산에서

산중턱 쇠말뚝을 박아놓은 왜적들
산정기 막으려고 전 국토에 꽂았다고…
남쪽엔 경부선 철길 천둥으로 소리친다

소금쟁이

소금을 많이 먹어
저렇게 가벼울까

배낭을 짊어지고
강 건너는 소금쟁이

손바닥
물을 탁 치니
건들건들 달린다

늙은 호박

언덕 위 가을 가득 둥그런 보름달이

탱탱한 엉덩이로 가부좌 틀고 앉아

한나절 탐스런 꿈결, 보란 듯이 영글다

허공에 마침표 찍듯

04

아버지

바라에 꽃잎 지듯 흩어져간 시간 위에
바다를 잃어버린 등이 굽은 북어였나
아버지 남은 시간도 시들시들 말라간다

청춘을 저당 잡은 다락 논 서마지기
놓아버린 수저 앞에 돌아서서 생삭느니
달빛만 삐끗하여도 부서지는 내 마음

바닷가에서

푸르고 푸른 물에서 파도는 왜 하얀가?
살갗이 벗겨지듯 천번 만번 벗겨지면
내 꿈도 닳고 닳아서 하얗게 눈부실까

손에 쥐면 스르륵 빠져나가는 저 물살,
저 물살에 던져지면 내 욕심도 돌이 될까
동그란 조약돌 되어 햇살 반짝 비출까

옛 친구

고향집 뒷산에도 가을이 저물 무렵,
그 가을 이기지 못해 친구는 떠나갔다
못다 핀 꽃봉오리로 지고 만 장미처럼

키 작은 그의 엄마 콩가루에 실밥 굴려
주린 내가 갈 때마다 기다린 듯 내주던 시절
서로를 가슴에 묻고 풀꽃이 되었더니

비바람 눈서리를 먹고 자란 나와는 달리
언제나 봄날처럼 꽃향기로 환하더니
손 한번 잡지 못하고 홀로 먼 길 가다니

밤길

별빛마저 발이 저린 밤길을 걷다보면

숨어 있던 돌부리가 무시로 일어선다

가야할 길은 멀어도 숨만 가쁜 내 마음

친구 생각

자르르 윤기 나는 옥상 위 옹기 장독,
가득 담긴 빗물 속에 흰 구름 쉬어 가고
눈이 먼 고추잠자리 빨랫줄에 앉았다

귀뚜리, 오목눈이, 비 맞은 하루살이
순서를 바꿔가며 제 자랑에 열심인데
내게는 그리운 친구들 소식마저 뚝 끊겼다

봄 산

봄바람 등에 지고 남산을 오른다
아직 채 녹지 않은 눈 속에 핀 풀꽃들의
노랗게 숨겨온 아픔, 하소연도 들어주며

가쁜 숨을 내려놓고 먼 산을 바라보면
어린 날 시집 와서 철이 없던 나를 불러
가만히 바람막이가 되어준 한 사람이 생각난다

하마 내 이마에도 주름살이 깊은 나이
빛 고운 꽃도 향기도 사라진 지 오래지만
봄 산을 오르다보면 나도 산을 닮고 싶다

갈치

뜨거운 프라이팬에 갈치를 구워 내며

지지지 지지지지 신음 끝을 따라가면

입맛에 배가 부르다던 울 엄마가 생각난다

어머니의 주머니

옷장에 숨겨져 있는 어머니의 빨간 줌치

자식들이 용돈 주면 꼬게꼬게 집어넣던,

주인은 가고 없는데 손때 묻은 그리움

머리 염색

캐캐한 약냄새가
코끝에 밀려오고

흰머리 감추어야
더 어려 보인다고

내 유년 들춰보면서
단발머리 꿈꾼다

가로등

낯선 이들 하나 둘 희미하게 떠나가고

단발머리 교복들도 골목 끝에 사라졌다

날마다 야근을 끝낸 두 어깨가 허한 가장

어머니

한평생 하우스 안에 고추만 따시다가
윤사월 초이튿날 하늘 가신 울 어머니
생전에 즐겨 드시던 게 맵싸한 오징어회였다

마음이 터엉 빈 윤사월 그 날이 오면
오징어회 무치다가 그 모습 되살아나
슬픔이 차오르면서 그리움만 여울져

남편

흐르는 강물처럼
어둠이 길을 찾아

짓밟아도 일어서는
질경이의 삶이었다

이제는 늙어가면서
거친 손을 잡아본다

사랑하는 사람에게

찬 서리 된바람에 깊게 패인 상처에도

단 한번 후회 없이 그대를 보듬으며

봄꽃이 피어나듯이 몽글몽글 피워내리

종이컵

메마른 그대 갈증 흡족히 적셔주고

등뼈처럼 남겨져서 터엉 빈 종이컵

사랑은 나를 버리고 저 멀리 떠나갔네